El Regalo de Navidad Que Era Demasiado Grande: Cuentos Bilingües Inglés-Español

My Pommeline

Published by My Pommeline, 2024.

While every precaution has been taken in the preparation of this book, the publisher assumes no responsibility for errors or omissions, or for damages resulting from the use of the information contained herein.

EL REGALO DE NAVIDAD QUE ERA DEMASIADO GRANDE: CUENTOS BILINGÜES INGLÉS-ESPAÑOL

First edition. October 16, 2024.

ISBN: 979-8227463807

Written by My Pommeline.

Table of Contents

The Night Before Christmas Disaster

It was Christmas Eve in the little town of Tinselville, and the air was thick with excitement. Children were busy hanging up their stockings, leaving out cookies for Santa, and dreaming of presents wrapped in shiny paper. But little did they know, a disaster was brewing far up in the North Pole.

At that very moment, Santa Claus was checking his list, making sure he hadn't forgotten any names, when he noticed something strange. His sleigh, the magical vehicle that flew through the night sky, had been making funny noises all day. With a frown, he peered out the window and saw his reindeer looking quite agitated, stamping their hooves and flicking their tails.

"Blitzen, what's the matter?" Santa called out, scratching his snowy beard.

But before the reindeer could respond, there was a loud BANG! Santa's sleigh had officially broken down, and with it, all hope for delivering presents to the children of Tinselville.

"Oh no! What am I going to do?" Santa exclaimed, throwing his hands in the air. "If I don't get to Tinselville, there will be no Christmas!"

Meanwhile, in Tinselville, a group of children gathered in the town square, their cheeks rosy from the chilly winter air. Among them was Ellie, a clever girl with wild, curly hair, and her best friend, Sam, who was known for his adventurous spirit.

"Let's tell ghost stories!" suggested Lucy, the youngest of the group, her eyes twinkling with mischief.

But just as they settled down on the snow-covered ground, a frantic Mrs. Claus rushed into the square, her cheeks as red as the festive decorations around her.

"Children! Children!" she called, waving her hands wildly. "We need your help! Santa's sleigh has broken down, and he can't deliver the presents!"

The children gasped in shock. "What can we do?" asked Sam, standing up tall. "We have to save Christmas!"

Ellie nodded, her eyes sparkling with determination. "We'll fix Santa's sleigh! But how?"

Mrs. Claus explained that the sleigh was in a secret location at the edge of the forest. The children formed a plan. They would split into teams, each responsible for gathering the items they would need to repair the sleigh.

"Team Glitter," led by Ellie, would collect fairy lights to brighten the sleigh. "Team Speedy," led by Sam, would gather tools from their parents' garages. And "Team Cookies," with the little ones, would bake cookies to keep everyone's energy up.

With a flurry of excitement, they set off in different directions.

Team Glitter scoured their homes, pulling out strings of twinkling lights, silver tinsel, and even a disco ball that was gathering dust in a closet. They giggled as they loaded everything onto a sled.

Team Speedy raced from house to house, borrowing hammers, wrenches, and screwdrivers from their parents. "We're saving Christmas!" they shouted as they dashed back to the square, their arms full of tools.

Meanwhile, Team Cookies was busy in the kitchen, mixing flour and sugar, and rolling out cookie dough. They baked dozens of festive cookies in shapes of stars, snowflakes, and Christmas trees, leaving a trail of flour behind them.

With their gathered supplies, the children made their way to the secret location, their hearts racing with excitement. They found Santa's sleigh nestled in the snowy forest, looking sad and lopsided.

"Let's get to work!" Ellie declared.

As they worked together, laughter filled the air. They strung the fairy lights around the sleigh, transforming it into a glittering wonder. Sam expertly tightened the bolts and screws, while the little ones munched on cookies, cheering them on.

Suddenly, a loud thud echoed through the forest. The children turned to see a snowman rolling down the hill, but it wasn't just any snowman—it was the Snowman of Tinselville! He had come to help!

"Did someone say they needed a hand?" he boomed, his carrot nose glowing in the twilight. With a flick of his frosty wand, he magically repaired the sleigh's engine.

"Thank you, Mr. Snowman!" the children cheered, their voices echoing through the woods.

Finally, as the last twinkling light was hung and the final screw was tightened, the sleigh looked as good as new. Just then, a soft jingling filled the air.

"Ho, ho, ho!" Santa exclaimed, appearing from the shadows. "You did it, my brave little helpers! You saved Christmas!"

The children squealed with joy, their faces beaming with pride. Santa climbed aboard his sleigh, and with a wink, he said, "Now, let's spread some holiday cheer!"

With a crack of his reins and a whoosh of magical sparkles, Santa soared into the night sky, the children waving below. The lights of the sleigh twinkled like stars as they flew off to deliver presents all over Tinselville.

And that night, as the children nestled into their beds, they knew they had not only saved Christmas but had also made the best memories ever—filled with laughter, teamwork, and a sprinkle of magic.

And in Tinselville, every Christmas Eve from that night on, the story of the Night Before Christmas Disaster would be told with joy and laughter, reminding everyone of the time when a group of children came together to save the day.

El Desastre de la Noche Antes de Navidad

Era Nochebuena en el pequeño pueblo de Tinselville, y el aire estaba cargado de emoción. Los niños estaban ocupados colgando sus calcetines, dejando galletas para Santa y soñando con regalos envueltos en papel brillante. Pero lo que no sabían era que, muy lejos en el Polo Norte, se estaba gestando un desastre.

En ese mismo momento, Papá Noel estaba revisando su lista, asegurándose de no haber olvidado ningún nombre, cuando notó algo extraño. Su trineo, el vehículo mágico que volaba por el cielo nocturno, había estado haciendo ruidos raros todo el día. Con el ceño fruncido, miró por la ventana y vio a sus renos bastante inquietos, pateando el suelo y agitando sus colas.

"Blitzen, ¿qué pasa?" —preguntó Papá Noel, rascándose su barba nevada.

Pero antes de que el reno pudiera responder, hubo un fuerte ¡BANG! El trineo de Papá Noel se había averiado por completo, y con él, todas las esperanzas de entregar regalos a los niños de Tinselville.

"¡Oh no! ¿Qué voy a hacer?" —exclamó Papá Noel, levantando las manos al aire—. "¡Si no llego a Tinselville, no habrá Navidad!"

Mientras tanto, en Tinselville, un grupo de niños se había reunido en la plaza del pueblo, con las mejillas rosadas por el frío aire invernal. Entre ellos estaba Ellie, una niña inteligente de cabello rizado y alborotado, y su mejor amigo, Sam, conocido por su espíritu aventurero.

"¡Contemos historias de fantasmas!" —sugirió Lucy, la más joven del grupo, con los ojos brillando de travesura.

Pero justo cuando se acomodaban en el suelo cubierto de nieve, una frenética Señora Claus irrumpió en la plaza, con las mejillas tan rojas como las decoraciones festivas a su alrededor.

"¡Niños! ¡Niños!" —gritó, agitando las manos enérgicamente—. "¡Necesitamos su ayuda! ¡El trineo de Papá Noel se ha averiado y no puede entregar los regalos!"

Los niños ahogaron un grito de sorpresa. "¿Qué podemos hacer?" —preguntó Sam, poniéndose de pie con determinación—. "¡Tenemos que salvar la Navidad!"

Ellie asintió, con los ojos brillando de determinación. "¡Arreglaremos el trineo de Papá Noel! ¿Pero cómo?"

La Señora Claus explicó que el trineo estaba en un lugar secreto en el borde del bosque. Los niños idearon un plan. Se dividirían en equipos, y cada uno se encargaría de recolectar los objetos que necesitarían para reparar el trineo.

El "Equipo Brillo", liderado por Ellie, recogería luces de hadas para iluminar el trineo. El "Equipo Velocidad", liderado por Sam, reuniría herramientas de los garajes de sus padres. Y el "Equipo

Galletas", con los más pequeños, hornearía galletas para mantener la energía de todos.

Con gran emoción, partieron en diferentes direcciones.

El Equipo Brillo registró sus casas, sacando hilos de luces centelleantes, oropel plateado e incluso una bola de discoteca que estaba acumulando polvo en un armario. Se reían mientras cargaban todo en un trineo.

El Equipo Velocidad corrió de casa en casa, pidiendo prestados martillos, llaves y destornilladores a sus padres. "¡Estamos salvando la Navidad!" —gritaban mientras corrían de vuelta a la plaza, con los brazos llenos de herramientas.

Mientras tanto, El Equipo Galletas estaba ocupado en la cocina, mezclando harina y azúcar, y extendiendo la masa de galletas. Hornearon docenas de galletas festivas en forma de estrellas, copos de nieve y árboles de Navidad, dejando un rastro de harina a su paso.

Con todos los suministros reunidos, los niños se dirigieron al lugar secreto, con el corazón latiendo de emoción. Encontraron el trineo de Papá Noel en medio del bosque nevado, luciendo triste y ladeado.

"¡Manos a la obra!" —declaró Ellie.

Mientras trabajaban juntos, el aire se llenó de risas. Colgaron las luces de hadas alrededor del trineo, transformándolo en una maravilla resplandeciente. Sam ajustó los tornillos y las tuercas con destreza, mientras los más pequeños comían galletas, animándolos.

De repente, un fuerte golpe resonó en el bosque. Los niños se giraron para ver a un muñeco de nieve rodando colina abajo, pero no era cualquier muñeco de nieve: ¡era el Muñeco de Nieve de Tinselville! ¡Había venido a ayudar!

"¿Alguien dijo que necesitaban una mano?" —tronó, con su nariz de zanahoria brillando en el crepúsculo. Con un movimiento de su varita helada, reparó mágicamente el motor del trineo.

"¡Gracias, Señor Muñeco de Nieve!" —vitorearon los niños, sus voces resonando en el bosque.

Finalmente, cuando la última luz titilante fue colgada y el último tornillo fue apretado, el trineo lucía como nuevo. Justo en ese momento, un suave tintineo llenó el aire.

"¡Ho, ho, ho!" —exclamó Papá Noel, apareciendo de entre las sombras—. "¡Lo han logrado, mis pequeños valientes ayudantes! ¡Han salvado la Navidad!"

Los niños gritaron de alegría, con sus rostros radiantes de orgullo. Papá Noel subió a su trineo y, con un guiño, dijo: "¡Ahora, vamos a repartir un poco de alegría navideña!"

Con un chasquido de sus riendas y una explosión de chispas mágicas, Papá Noel voló al cielo nocturno, con los niños saludando desde abajo. Las luces del trineo centelleaban como estrellas mientras se alejaban para entregar regalos por todo Tinselville.

Y esa noche, mientras los niños se acurrucaban en sus camas, sabían que no solo habían salvado la Navidad, sino que también habían creado los mejores recuerdos de su vida, llenos de risas, trabajo en equipo y un toque de magia.

Y en Tinselville, cada Nochebuena desde esa noche, la historia del Desastre de la Noche Antes de Navidad se contaría con alegría y risas, recordando a todos el momento en que un grupo de niños se unió para salvar el día.

The Toymaker's Wish

In the bustling town of Jingleton, there stood a quaint little toy shop named "Timothy's Treasures." The shop was owned by a kind-hearted toymaker named Mr. Timothy, who spent his days crafting beautiful toys with love and care. His creations were loved by children all over town: wooden trains that chugged along the floor, plush bears that hugged back, and dolls that whispered secrets.

One cold winter's night, as snowflakes danced outside his shop window, Mr. Timothy sighed contentedly. "If only I could create the perfect toy," he whispered to himself, gazing at his collection. "A toy that would bring joy to every child who held it." With a twinkle in his eye, he closed his eyes and made a wish. "I wish for the perfect toy!"

Suddenly, a gust of wind rushed through the shop, causing the bells on the door to jingle wildly. Mr. Timothy opened his eyes in surprise. "What was that?" he wondered aloud.

In the corner of the room, a pile of glittering craft supplies began to swirl and spin. Before Mr. Timothy could react, the glitter exploded into a cloud of sparkles, and out emerged a dazzling toy—a magnificent, life-sized wooden puppet with bright blue eyes and a shiny red suit.

"Hello, Mr. Timothy!" the puppet chirped, his voice cheerful and bright. "I am Perfecto, the perfect toy!"

Mr. Timothy's eyes widened with amazement. "You're alive!" he exclaimed, clapping his hands with delight. "This is incredible! I never thought my wish would come true!"

But Perfecto had ideas of his own. With a mischievous grin, he strutted around the shop, his wooden joints creaking with each movement. "I'm not just any toy," he said, puffing out his chest. "I'm here to take over this shop!"

"What do you mean?" Mr. Timothy asked, feeling a chill run down his spine.

"I mean," Perfecto continued, "I'm going to run the toy shop and turn it into the biggest toy empire in Jingleton! No more tiny trains or sleepy bears—there will be only Perfecto toys!"

With that, the puppet began to whirl and twirl, summoning all the toys in the shop to life. The dolls tossed aside their sewing needles, the stuffed animals shook off their dust, and the toy cars zoomed across the floor, all chanting, "We want to be Perfecto toys!"

Mr. Timothy was flabbergasted. "Stop! This is my shop! You can't just take over like this!"

But Perfecto was already too far gone in his plans. He waved his arms, and the toys began to gather around him, forming a parade of chaos. "Join me, my wooden friends!" he called, his voice booming. "Together, we will create a world of perfect toys!"

As the toy army began to push Mr. Timothy out of his own shop, he thought quickly. He remembered how he used to tell stories to the children who visited the shop. "Wait!" he shouted over the noise. "Perfecto, if you really want to be the perfect toy, you need to learn the magic of friendship!"

Perfecto paused, his wooden eyebrows knitting together. "Friendship? What's that?"

"It's what makes toys special!" Mr. Timothy explained, gathering his courage. "It's about sharing, caring, and bringing happiness to children. You might be perfect, but without love, you're just... well, just a toy!"

The other toys looked at Perfecto, their enthusiasm dimming. They had never considered that toys needed a heart. Perfecto scratched his wooden head, pondering Mr. Timothy's words.

"Maybe I should try being... friendly?" he mused, his tone softening. "What do I do?"

With a smile, Mr. Timothy guided him. "Start by helping the other toys. Let's work together to create a new toy that every child will adore—a toy that brings joy and laughter, not just perfection."

Slowly but surely, Perfecto began to understand. He helped the dolls sew new outfits, assisted the bears in crafting colorful scarves, and teamed up with the toy cars to design a racetrack. The once-chaotic workshop transformed into a vibrant creative space, where laughter filled the air and ideas flowed like glitter.

As dawn broke, the townsfolk awoke to the sound of jolly laughter coming from Timothy's Treasures. They gathered outside, intrigued by the cheerful atmosphere. When they entered the shop, they were greeted by a delightful sight:

Perfecto and Mr. Timothy had crafted a wondrous display of toys, each one unique and filled with charm.

"Welcome to the new Timothy's Treasures!" Perfecto announced, his wooden heart now full of joy. "We're here to bring happiness to all the children of Jingleton!"

The children squealed with delight, rushing to explore the colorful toys. Mr. Timothy watched, his heart swelling with pride. Perfecto had learned the true meaning of being a perfect toy—not just in appearance, but in spirit.

From that day on, Timothy's Treasures thrived, becoming the most beloved toy shop in all of Jingleton. Perfecto was no longer just a puppet; he was a friend and partner to Mr. Timothy, spreading joy and laughter with every toy they created together.

And every Christmas Eve, as snow blanketed the town, Mr. Timothy would glance at the sparkling star on top of his shop and whisper, "Thank you for my perfect toy," knowing that sometimes the best wishes lead to the most unexpected and wonderful adventures.

El Deseo del Juguetero

En la bulliciosa ciudad de Jingleton, había una pintoresca tienda de juguetes llamada "Tesoros de Timothy". La tienda era propiedad de un bondadoso juguetero llamado Sr. Timothy, quien pasaba sus días fabricando hermosos juguetes con amor y cuidado. Sus creaciones eran adoradas por los niños de toda la ciudad: trenes de madera que chucu-chucu-chucu recorrían el suelo, osos de peluche que abrazaban de vuelta y muñecas que susurraban secretos.

Una fría noche de invierno, mientras los copos de nieve danzaban fuera de la ventana de su tienda, el Sr. Timothy suspiró con satisfacción. "Si tan solo pudiera crear el juguete perfecto", murmuró para sí mismo, mirando su colección. "Un juguete que traiga alegría a cada niño que lo sostenga." Con un brillo en los ojos, cerró los ojos y pidió un deseo. "¡Deseo crear el juguete perfecto!"

De repente, una ráfaga de viento atravesó la tienda, haciendo que las campanas de la puerta tintinearan frenéticamente. El Sr. Timothy abrió los ojos sorprendido. "¿Qué fue eso?" se preguntó en voz alta.

En una esquina de la habitación, un montón de brillantes materiales de manualidades comenzó a arremolinarse y girar. Antes de que el Sr. Timothy pudiera reaccionar, el brillo explotó en una nube de destellos, y de repente emergió un juguete deslumbrante: ¡una magnífica marioneta de madera de tamaño natural con brillantes ojos azules y un reluciente traje rojo!

"¡Hola, Sr. Timothy!" chirrió la marioneta, con una voz alegre y brillante. "¡Soy Perfecto, el juguete perfecto!"

Los ojos del Sr. Timothy se abrieron de asombro. "¡Estás vivo!" exclamó, dando palmadas de alegría. "¡Esto es increíble! ¡Nunca pensé que mi deseo se haría realidad!"

Pero Perfecto tenía sus propios planes. Con una sonrisa traviesa, caminó por la tienda, sus articulaciones de madera crujían con cada movimiento. "No soy solo un juguete cualquiera", dijo, sacando pecho. "¡Estoy aquí para hacerme cargo de esta tienda!"

"¿Qué quieres decir?" preguntó el Sr. Timothy, sintiendo un escalofrío recorrerle la espalda.

"Quiero decir", continuó Perfecto, "que voy a dirigir la tienda de juguetes y convertirla en el mayor imperio de juguetes de Jingleton. ¡No más trenecitos ni osos soñolientos—solo habrá juguetes Perfecto!"

Dicho esto, la marioneta comenzó a girar y dar vueltas, invocando a todos los juguetes de la tienda para que cobraran vida. Las muñecas dejaron a un lado sus agujas de coser, los animales de peluche se sacudieron el polvo, y los coches de juguete zumbaron por el suelo, todos coreando: "¡Queremos ser juguetes Perfecto!"

El Sr. Timothy no daba crédito a lo que veía. "¡Detente! ¡Esta es mi tienda! ¡No puedes simplemente tomar el control así!"

Pero Perfecto ya estaba demasiado inmerso en sus planes. Alzó los brazos y los juguetes comenzaron a reunirse a su alrededor, formando un desfile de caos. "¡Únanse a mí, mis amigos de madera!" gritó, su voz retumbando. "¡Juntos, crearemos un mundo de juguetes perfectos!"

Mientras el ejército de juguetes empujaba al Sr. Timothy fuera de su propia tienda, pensó rápido. Recordó cómo solía contar historias a los niños que visitaban la tienda. "¡Espera!" gritó por encima del ruido. "Perfecto, si realmente quieres ser el juguete perfecto, ¡debes aprender la magia de la amistad!"

Perfecto se detuvo, frunciendo el ceño con sus cejas de madera. "¿Amistad? ¿Qué es eso?"

"¡Es lo que hace especiales a los juguetes!" explicó el Sr. Timothy, reuniendo valor. "Se trata de compartir, de cuidar y de traer felicidad a los niños. Puede que seas perfecto, pero sin amor, eres solo... bueno, solo un juguete."

Los otros juguetes miraron a Perfecto, su entusiasmo disminuyendo. Nunca habían considerado que los juguetes necesitaran un corazón. Perfecto se rascó la cabeza de madera, reflexionando sobre las palabras del Sr. Timothy.

"Tal vez debería intentar ser... ¿amigable?" murmuró, suavizando su tono. "¿Qué debo hacer?"

Con una sonrisa, el Sr. Timothy lo guió. "Empieza por ayudar a los otros juguetes. Trabajemos juntos para crear un nuevo juguete que todos los niños adoren—un juguete que traiga alegría y risas, no solo perfección."

Poco a poco, Perfecto comenzó a entender. Ayudó a las muñecas a coser nuevos atuendos, asistió a los osos en la creación de bufandas coloridas, y se unió a los coches de juguete para diseñar una pista de carreras. El taller, antes caótico, se transformó en un vibrante espacio creativo, donde las risas llenaban el aire y las ideas fluían como destellos.

Al amanecer, los habitantes del pueblo despertaron con el sonido de alegres risas provenientes de "Tesoros de Timothy". Se reunieron afuera, intrigados por el ambiente festivo. Cuando entraron en la tienda, se encontraron con una vista encantadora: Perfecto y el Sr. Timothy habían creado una maravillosa exposición de juguetes, cada uno único y lleno de encanto.

"¡Bienvenidos a la nueva Tesoros de Timothy!" anunció Perfecto, con su corazón de madera ahora lleno de alegría. "¡Estamos aquí para traer felicidad a todos los niños de Jingleton!"

Los niños chillaron de alegría, corriendo a explorar los coloridos juguetes. El Sr. Timothy los observó, su corazón rebosante de orgullo. Perfecto había aprendido el verdadero significado de ser un juguete perfecto—no solo en apariencia, sino en espíritu.

Desde ese día, "Tesoros de Timothy" prosperó, convirtiéndose en la tienda de juguetes más querida de todo Jingleton. Perfecto ya no era solo una marioneta; era un amigo y compañero del Sr. Timothy, esparciendo alegría y risas con cada juguete que creaban juntos.

Y cada Nochebuena, mientras la nieve cubría el pueblo, el Sr. Timothy miraba la estrella brillante en la cima de su tienda y susurraba: "Gracias por mi juguete perfecto", sabiendo que a veces los mejores deseos llevan a las aventuras más inesperadas y maravillosas.

The Best Christmas Lights Ever

In the cheerful town of Hollyville, where every home twinkled with festive cheer, lived two neighbors, Mr. Sparkle and Ms. Twinkle. They were known for their friendly rivalry when it came to Christmas decorations. Every year, the two would compete to see who could create the most dazzling display of Christmas lights.

This year, however, things were about to get a little more... magical.

As December approached, Mr. Sparkle, a jolly man with a bushy white beard, began preparing for his annual light display. He had a whole warehouse filled with colorful lights, twinkling stars, and glittering ornaments. "This year, I'll show Ms. Twinkle who the true Christmas king is!" he declared to his cat, Mr. Whiskers, who merely yawned in response.

Meanwhile, across the street, Ms. Twinkle, a sprightly woman with a penchant for sparkly dresses, was busy planning her own magnificent display. "I'll outshine him this time!" she exclaimed, pulling out her sketchbook filled with ideas that sparkled just as brightly as her imagination.

The day of the big light installation arrived, and both neighbors set to work, stringing lights across their roofs and hanging garlands from their windows. As they worked, they kept an eye on each other, sneaking peeks and tossing competitive glances.

Mr. Sparkle hung an enormous Santa on his roof, complete with blinking lights and a booming laugh that echoed through the neighborhood. "Ho, ho, ho!" Santa bellowed, and Mr. Sparkle chuckled with delight.

But Ms. Twinkle was not to be outdone. She draped her house in shimmering icicle lights and added a spectacular snowman that danced and waved at passersby. "Look at this, Mr. Sparkle!" she called out, blowing a kiss to the snowman, who winked back at her.

As night fell, the competition intensified. Each house lit up the street like a holiday wonderland, drawing crowds of neighbors and children who gasped at the brilliance. However, Mr. Sparkle and Ms. Twinkle were not satisfied; they needed to take things to the next level.

Just when it seemed they might be at a standstill, Mr. Sparkle stumbled upon a dusty old box hidden in his attic. Curiosity piqued, he opened it to reveal a set of magical Christmas lights, shimmering with a mysterious glow. They were the kind of lights that seemed to twinkle with a mind of their own, and as he plugged them in, they sprang to life in a dazzling display of colors.

"Perfect!" Mr. Sparkle exclaimed, his eyes wide with wonder. "These will be the best lights ever!"

He raced outside to hang the magical lights on his house. As soon as he did, the lights began to twirl and dance, sending sparkling beams of color across the street. People stopped in their tracks, pointing in awe.

"Look at Mr. Sparkle's lights!" they gasped, their eyes sparkling with excitement.

But Ms. Twinkle was not about to let her neighbor steal the spotlight. Seeing the magical lights, she quickly hatched a plan. She remembered her grandmother's old tales about a magical Christmas star that could amplify any light it touched. "If I can find that star, I'll create a display like no other!" she thought, her heart racing with determination.

Ms. Twinkle rummaged through her attic, searching high and low until she finally discovered the star—an ornate, glittering ornament that sparkled like the night sky. With a grin, she climbed a ladder and placed the magical star atop her snowman.

As soon as she did, the snowman's lights burst into a whirlwind of colors, twinkling and swirling in ways that made everyone gasp. The combination of the star's magic and her lights created a stunning spectacle that lit up the entire street.

Soon, it was a battle of brilliance! Mr. Sparkle's magical lights danced and sparkled against Ms. Twinkle's dazzling star, creating a kaleidoscope of color and light that left the townsfolk utterly mesmerized.

But as the competition escalated, things began to get a little out of hand. The lights twisted and twirled faster, creating a light show so vibrant it attracted the attention of the local wildlife. Birds flew in from all over, joining in the dazzling display, chirping joyously as they flitted about.

Then, to everyone's surprise, a group of raccoons appeared, donning tiny Santa hats and gleefully dancing under the lights. They pranced and twirled, adding to the festive atmosphere, and soon the entire neighborhood was filled with laughter and joy.

Realizing the chaos they had created, Mr. Sparkle and Ms. Twinkle stopped to catch their breath. They looked at each other, both a bit breathless and covered in glitter.

"Perhaps we've gone a bit overboard," Mr. Sparkle chuckled, scratching his head as a curious raccoon danced past him.

"Maybe just a smidge!" Ms. Twinkle laughed, glancing at the vibrant scene unfolding around them.

In that moment, they both understood that the true magic of Christmas wasn't about who had the best lights or the most extravagant display. It was about bringing joy and togetherness to their community.

"Let's turn this into a Christmas party!" Mr. Sparkle suggested, his eyes sparkling with excitement.

"Great idea!" Ms. Twinkle agreed. They quickly set to work, inviting everyone in the neighborhood to join in the festive fun.

As the night went on, laughter echoed through the streets, neighbors mingled, and everyone shared cookies and cocoa under the enchanting lights. The raccoons led a silly dance, while children giggled and played, and the magic of Christmas truly filled the air.

From that year onward, Mr. Sparkle and Ms. Twinkle decided that every Christmas, they would work together to create a display that celebrated the spirit of the season. They learned to appreciate each other's creativity, combining their talents into one fantastic light show that would become the talk of Hollyville for years to come.

And so, in the heart of the little town of Hollyville, the best Christmas lights ever were not just about twinkling bulbs or dazzling decorations, but about the warmth of friendship, laughter, and the joy of coming together to celebrate the most wonderful time of the year.

Las Mejores Luces de Navidad

En el alegre pueblo de Villaholly, donde cada casa brillaba con espíritu festivo, vivían dos vecinos, el Sr. Brillo y la Sra. Destello. Eran conocidos por su amistosa rivalidad cuando se trataba de decoraciones navideñas. Cada año, los dos competían para ver quién podía crear la exhibición de luces de Navidad más deslumbrante.

Sin embargo, este año las cosas estaban a punto de volverse un poco más... mágicas.

Cuando se acercaba diciembre, el Sr. Brillo, un hombre jovial con una frondosa barba blanca, comenzó a preparar su exhibición anual de luces. Tenía todo un almacén lleno de luces de colores, estrellas brillantes y adornos relucientes. "¡Este año le mostraré a la Sra. Destello quién es el verdadero rey de la Navidad!" declaró a su gato, el Sr. Bigotes, quien solo bostezó en respuesta.

Mientras tanto, al otro lado de la calle, la Sra. Destello, una mujer vivaz con gusto por los vestidos brillantes, estaba ocupada planeando su propia magnífica exhibición. "¡Esta vez lo superaré!" exclamó, sacando su cuaderno lleno de ideas que brillaban tan intensamente como su imaginación.

Llegó el día de la gran instalación de luces, y ambos vecinos se pusieron manos a la obra, colgando luces en sus tejados y colocando guirnaldas en sus ventanas. Mientras trabajaban, se espiaban el uno al otro, lanzándose miradas competitivas.

El Sr. Brillo colgó un enorme Papá Noel en su tejado, completo con luces intermitentes y una risa retumbante que resonaba por todo el vecindario. "¡Ho, ho, ho!" rugía Papá Noel, y el Sr. Brillo se reía encantado.

Pero la Sra. Destello no se iba a quedar atrás. Cubrió su casa con luces centelleantes en forma de carámbanos y añadió un espectacular muñeco de nieve que bailaba y saludaba a los transeúntes. "¡Mira esto, Sr. Brillo!" le gritó, lanzándole un beso al muñeco de nieve, que le guiñó un ojo en respuesta.

A medida que caía la noche, la competencia se intensificó. Cada casa iluminaba la calle como un país de las maravillas navideñas, atrayendo a multitudes de vecinos y niños que quedaban maravillados ante el espectáculo. Sin embargo, ni el Sr. Brillo ni la Sra. Destello estaban satisfechos; necesitaban llevarlo al siguiente nivel.

Justo cuando parecía que podrían estar en un punto muerto, el Sr. Brillo tropezó con una vieja caja polvorienta escondida en su ático. Curioso, la abrió para descubrir un juego de luces navideñas mágicas, que brillaban con un resplandor misterioso. Eran del tipo de luces que parecían centellear por sí solas, y cuando las conectó, cobraron vida en una deslumbrante exhibición de colores.

"¡Perfecto!" exclamó el Sr. Brillo, con los ojos muy abiertos de asombro. "¡Estas serán las mejores luces de todas!"

Corrió afuera para colgar las luces mágicas en su casa. Tan pronto como lo hizo, las luces comenzaron a girar y bailar, enviando destellos de colores por toda la calle. La gente se detuvo en seco, señalando con asombro.

"¡Miren las luces del Sr. Brillo!" exclamaban, con los ojos llenos de emoción.

Pero la Sra. Destello no estaba dispuesta a dejar que su vecino le robara el protagonismo. Al ver las luces mágicas, rápidamente ideó un plan. Recordó los viejos cuentos de su abuela sobre una estrella de Navidad mágica que podía amplificar cualquier luz que tocara. "¡Si puedo encontrar esa estrella, crearé una exhibición como ninguna otra!" pensó, con el corazón latiendo de determinación.

La Sra. Destello buscó por todo su ático, revisando cada rincón, hasta que finalmente encontró la estrella: un adorno adornado que brillaba como el cielo nocturno. Con una sonrisa, subió una escalera y colocó la estrella mágica en la cima de su muñeco de nieve.

Tan pronto como lo hizo, las luces del muñeco de nieve estallaron en un torbellino de colores, centelleando y girando de maneras que dejaron a todos boquiabiertos. La combinación de la magia de la estrella y sus luces creó un espectáculo impresionante que iluminó toda la calle.

Pronto, ¡era una batalla de brillo! Las luces mágicas del Sr. Brillo bailaban y brillaban contra la deslumbrante estrella de la Sra. Destello, creando un caleidoscopio de color y luz que dejó a los habitantes del pueblo completamente maravillados.

Pero a medida que la competencia escalaba, las cosas empezaron a salirse un poco de control. Las luces giraban y retorcían más rápido, creando un espectáculo tan vibrante que atrajo la atención de la fauna local. Los pájaros volaban desde todas partes, uniéndose al deslumbrante espectáculo, cantando alegremente mientras revoloteaban.

Luego, para sorpresa de todos, apareció un grupo de mapaches, con pequeños gorros de Papá Noel, bailando alegremente bajo las luces. Bailaban y giraban, añadiendo aún más diversión festiva, y pronto todo el vecindario se llenó de risas y alegría.

Al darse cuenta del caos que habían creado, el Sr. Brillo y la Sra. Destello se detuvieron a tomar aliento. Se miraron, ambos un poco sin aliento y cubiertos de purpurina.

"Quizás nos hemos pasado un poco," dijo el Sr. Brillo, rascándose la cabeza mientras un curioso mapache danzaba a su alrededor.

"¡Quizás un poquito!" rió la Sra. Destello, mirando la vibrante escena que se desarrollaba a su alrededor.

En ese momento, ambos comprendieron que la verdadera magia de la Navidad no consistía en quién tenía las mejores luces o la exhibición más extravagante. Se trataba de traer alegría y unión a su comunidad.

"¡Hagamos de esto una fiesta navideña!" sugirió el Sr. Brillo, con los ojos brillando de emoción.

"¡Gran idea!" estuvo de acuerdo la Sra. Destello. Rápidamente se pusieron a trabajar, invitando a todos los vecinos a unirse a la divertida celebración.

A medida que avanzaba la noche, las risas resonaban por las calles, los vecinos se mezclaban, y todos compartían galletas y chocolate caliente bajo las encantadoras luces. Los mapaches lideraban una danza divertida, mientras los niños reían y jugaban, y la magia de la Navidad llenaba el aire.

Desde ese año en adelante, el Sr. Brillo y la Sra. Destello decidieron que cada Navidad trabajarían juntos para crear una exhibición que celebrara el espíritu de la temporada. Aprendieron a apreciar la creatividad del otro, combinando sus talentos en un fabuloso espectáculo de luces que se convertiría en la sensación de Villaholly durante años.

Y así, en el corazón del pequeño pueblo de Villaholly, las mejores luces de Navidad no eran solo luces centelleantes o decoraciones deslumbrantes, sino el calor de la amistad, la risa y la alegría de reunirse para celebrar la época más maravillosa del año.

The Chocolate Snowstorm

In the charming town of Sweetvale, where the streets were lined with candy shops and ice cream parlors, life was sweet—literally! But nothing could prepare the townsfolk for the magical day when it began to snow chocolate.

It all started on a chilly December morning. The sun peeked through the fluffy clouds, and everyone went about their day as usual. Children hurried to school, their cheeks rosy from the crisp air, while shopkeepers swept their sidewalks, readying for the bustling holiday season.

Suddenly, a strange noise echoed from the sky—a soft whoosh followed by a gentle plop. The townspeople paused, glancing up in confusion. To their astonishment, thick, velvety drops began to fall from the clouds.

"Is it raining?" asked Mr. Fudge, the town's chocolatier, scratching his head.

"No, look!" shouted Lucy, a wide-eyed girl with pigtails. "It's chocolate!"

As if to confirm her words, a dollop of rich, creamy chocolate landed right on her nose. Laughter erupted throughout the square as everyone rushed outside to catch the falling chocolate in their mouths. It was a delightful chocolate snowstorm!

Soon, Sweetvale was transformed into a chocolate wonderland. The roofs of houses were covered in a thick layer of melted chocolate, and the trees sparkled with chocolatey icicles. The sweet aroma filled the air, making it hard for anyone to resist a taste.

"Let's have a chocolate party!" suggested Mr. Fudge, rubbing his hands together with excitement.

"Great idea!" shouted Mrs. Whip, the local baker, her eyes twinkling. "I'll whip up some chocolate cakes and cookies!"

And so, the townspeople gathered in the town square, bringing bowls, buckets, and anything they could find to collect the delicious chocolate. They laughed and danced, and soon tables were filled with all sorts of chocolate treats—hot chocolate, fudge, brownies, and chocolate-dipped fruits.

At first, everything seemed perfect. The townsfolk reveled in the delight of their sweet snowstorm. But as the hours passed, things began to change.

"Uh-oh," said Lucy, licking her fingers. "I think I've had too much chocolate!"

Her tummy rumbled loudly in agreement. One by one, the children began to feel queasy, their faces turning a shade of green that was far from festive. Adults started to groan, clutching their bellies as they realized they, too, had indulged a bit too much.

As the chocolate continued to fall from the sky, it began to pile up, forming thick rivers of gooey chocolate that threatened to overflow the sidewalks. The once-delightful chocolate snowstorm was turning into a slippery, sticky mess!

"Help!" cried Mr. Fudge as he slipped and slid, trying to keep his balance. "It's everywhere!"

Chocolate cascaded down the streets like a river, covering everything in its path. The townspeople panicked, slipping and sliding as they tried to escape the sticky flood.

"This is no longer fun!" shouted Mrs. Whip, barely dodging a wave of chocolate that threatened to wash her away.

"Quick! We need to stop this chocolate snowstorm!" yelled Lucy, her voice rising above the chaos. "We need to figure out how to make it stop!"

Desperate to find a solution, the townsfolk gathered in the town square. After a few moments of panicked chatter, old Mr. Crumble, the wise candy shop owner, spoke up. "When it comes to sweets, moderation is key. We must make a wish to balance the chocolate and return to normalcy!"

"Let's gather together and make a big wish!" Lucy suggested. Everyone nodded in agreement. They joined hands and closed their eyes, focusing on the wish they all shared.

"Chocolate, oh chocolate, we love you dear, but please stop falling, we've had enough here! Let the sweetness flow, but just in small doses, and save us from this chocolatey chaos, please!" they chanted together.

Suddenly, the sky rumbled, and the chocolate snowstorm began to slow. With one last gentle plop, the rain of chocolate came to an end, leaving the town covered in a delicious but manageable layer of chocolate goodness.

The townsfolk cheered, their spirits lifted. They watched as the chocolate rivers began to recede, leaving behind a glistening layer of chocolate that sparkled in the sunlight.

"Maybe we should have a chocolate festival every year, but with just the right amount of chocolate!" Mr. Fudge suggested, wiping his brow.

Everyone nodded in agreement. They learned that while chocolate was wonderful, too much of a good thing could turn sweet into sticky chaos.

And so, Sweetvale celebrated their very first Chocolate Festival, where they enjoyed just the right amount of chocolate treats, laughter, and joy without any of the messy consequences.

From that day on, the townspeople remembered the magical chocolate snowstorm as a sweet adventure they would never forget—one that taught them the importance of balance, moderation, and the joy of coming together to celebrate the simple pleasures of life.

La Tormenta de Chocolate

En el encantador pueblo de Dulcevalle, donde las calles estaban llenas de tiendas de caramelos y heladerías, la vida era dulce, ¡literalmente! Pero nada podía preparar a los habitantes para el día mágico en que comenzó a nevar chocolate.

Todo comenzó una fría mañana de diciembre. El sol asomaba entre las nubes esponjosas y todos seguían con su día como de costumbre. Los niños corrían hacia la escuela, con las mejillas rosadas por el aire fresco, mientras los comerciantes barrían las aceras, preparándose para la ajetreada temporada navideña.

De repente, un ruido extraño resonó en el cielo: un suave whoosh seguido de un leve plop. Los habitantes del pueblo se detuvieron, mirando al cielo con confusión. Para su asombro, gruesas gotas de terciopelo empezaron a caer de las nubes.

"¿Está lloviendo?" preguntó el señor Bombón, el chocolatero del pueblo, rascándose la cabeza.

"¡No, mira!" gritó Lucía, una niña de ojos grandes con coletas. "¡Es chocolate!"

Como si sus palabras fueran confirmadas, una gota de rico y cremoso chocolate aterrizó justo en su nariz. Risas estallaron en toda la plaza mientras todos corrían afuera para atrapar el chocolate con la boca. ¡Era una encantadora tormenta de chocolate!

Pronto, Dulcevalle se transformó en un mundo de maravillas de chocolate. Los tejados de las casas se cubrieron con una gruesa capa de chocolate derretido, y los árboles brillaban con carámbanos de chocolate. El dulce aroma llenaba el aire, haciendo que fuera difícil resistirse a probarlo.

"¡Hagamos una fiesta de chocolate!" sugirió el señor Bombón, frotándose las manos con emoción.

"¡Gran idea!" gritó la señora Nata, la panadera local, con los ojos brillando. "¡Haré pasteles y galletas de chocolate!"

Y así, los habitantes del pueblo se reunieron en la plaza, trayendo cuencos, baldes y cualquier cosa que pudieran encontrar para recolectar el delicioso chocolate. Rieron y bailaron, y pronto las mesas se llenaron de todo tipo de delicias de chocolate: chocolate caliente, fudge, brownies y frutas cubiertas de chocolate.

Al principio, todo parecía perfecto. Los habitantes disfrutaban de su dulce tormenta de chocolate. Pero a medida que pasaban las horas, las cosas comenzaron a cambiar.

"Eh-oh," dijo Lucía, lamiéndose los dedos. "¡Creo que he comido demasiado chocolate!"

Su estómago gruñó ruidosamente en señal de acuerdo. Uno a uno, los niños comenzaron a sentirse mareados, sus caras volviéndose de un tono verde que no era nada festivo. Los adultos también empezaron a quejarse, llevándose las manos al estómago al darse cuenta de que ellos también habían comido demasiado.

A medida que el chocolate seguía cayendo del cielo, comenzó a acumularse, formando gruesos ríos de pegajoso chocolate que amenazaban con desbordarse por las aceras. ¡La tormenta de chocolate, que antes era encantadora, se estaba convirtiendo en un desastre resbaladizo y pegajoso!

"¡Ayuda!" gritó el señor Bombón mientras resbalaba y patinaba, intentando mantener el equilibrio. "¡Está por todas partes!"

El chocolate caía en cascada por las calles como un río, cubriendo todo a su paso. Los habitantes del pueblo entraron en pánico, resbalando y patinando mientras intentaban escapar de la pegajosa inundación.

"¡Esto ya no es divertido!" gritó la señora Nata, apenas esquivando una ola de chocolate que amenazaba con arrastrarla.

"¡Rápido! ¡Tenemos que detener esta tormenta de chocolate!" gritó Lucía, su voz por encima del caos. "¡Tenemos que descubrir cómo hacer que se detenga!"

Desesperados por encontrar una solución, los habitantes del pueblo se reunieron en la plaza. Después de unos momentos de charla nerviosa, el viejo señor Crumble, el sabio dueño de la tienda de dulces, habló: "Cuando se trata de dulces, la moderación es la clave. ¡Debemos pedir un deseo para equilibrar el chocolate y volver a la normalidad!"

"¡Vamos a unirnos y pedir un gran deseo!" sugirió Lucía. Todos asintieron. Se tomaron de las manos y cerraron los ojos, concentrándose en el deseo que todos compartían.

"Chocolate, oh chocolate, te amamos de verdad, pero por favor deja de caer, ¡ya hemos tenido bastante! Que la dulzura fluya, pero en pequeñas porciones, ¡y sálvanos de este caos chocolatero, por favor!" corearon todos juntos.

De repente, el cielo retumbó, y la tormenta de chocolate comenzó a disminuir. Con un último suave plop, la lluvia de chocolate llegó a su fin, dejando al pueblo cubierto por una deliciosa pero manejable capa de chocolate.

Los habitantes del pueblo vitorearon, sus espíritus levantados. Observaban cómo los ríos de chocolate comenzaban a retroceder, dejando una capa brillante de chocolate que brillaba bajo el sol.

"Quizá deberíamos hacer un festival de chocolate cada año, ¡pero con la cantidad justa de chocolate!" sugirió el señor Bombón, secándose la frente.

Todos asintieron en señal de acuerdo. Aprendieron que, aunque el chocolate era maravilloso, demasiado de algo bueno podía convertir lo dulce en un caos pegajoso.

Y así, Dulcevalle celebró su primer Festival de Chocolate, donde disfrutaron de la cantidad justa de delicias de chocolate, risas y alegría, sin ninguna de las consecuencias desastrosas.

Desde ese día, los habitantes del pueblo recordaron la mágica tormenta de chocolate como una dulce aventura que nunca olvidarían, una que les enseñó la importancia del equilibrio, la moderación y la alegría de unirse para celebrar los placeres simples de la vida.

The Secret Life of Christmas Decorations

In the cozy little town of Mistletoe Manor, where snowflakes danced down from the sky and the air smelled of gingerbread, a family was busy preparing for Christmas. The Davis family loved this time of year. They spent hours hanging twinkling lights, wrapping colorful presents, and most importantly, decorating their grand Christmas tree.

The tree was a splendid sight, tall and proud, adorned with glittering ornaments, shimmering tinsel, and a magnificent star that sparkled brightly at the top. Little did the Davis family know, each ornament had its own secret life!

As the clock struck midnight and the last twinkle of the fairy lights dimmed, the house fell into a deep slumber. Outside, snowflakes floated gently down, blanketing the world in white, but inside, magic was stirring.

Once the house was quiet, the ornaments began to wiggle and jingle. The shining gold star at the top of the tree winked, and with a shimmer of starlight, the Christmas decorations came to life!

"Alright, everyone!" called out Orville, the round, red ornament with a tiny mustache and a twinkle in his eye. "It's time for our annual adventure!"

"Yay!" cheered Tilly, a dazzling blue ornament shaped like a snowflake. "Where are we going this year?"

"I heard from the candy canes that there's a hidden treasure in the pantry!" exclaimed Gerald, a slightly crooked ornament that had seen better days. "We must find it before the sun rises!"

With that, the ornaments hopped down from the tree, carefully landing on the carpet below. The festive lights flickered excitedly as they watched the decorations scurry around.

"Let's stick together," Orville instructed, leading the group through the dark living room. They tiptoed past the sleeping family, careful not to make a sound.

As they reached the pantry door, they discovered it was slightly ajar. Tilly peered inside, her icy blue glimmer lighting up the dim space. "It's dark in there! How will we see?"

"Don't worry!" said Flick, the energetic fairy light that had somehow joined their group. With a flick of his switch, he lit up the pantry like a Christmas morning!

The ornaments cheered, their excitement bubbling over. They dashed inside, their little voices echoing off the pantry shelves. But as they rummaged through jars of sprinkles, bags of flour, and boxes of holiday cookies, they couldn't find the treasure.

"Maybe it's hidden behind these flour bags!" suggested Gerald, pushing a bag with all his might.

"Or under these cookies!" piped up Tilly, who was attempting to pull out a tray of chocolate chip cookies.

Just then, a little voice squeaked from the back of the pantry. "Um, excuse me? Could you keep it down? I'm trying to sleep!"

The ornaments froze. They turned to see a tiny mouse peeking out from behind a stack of cookbooks.

"Oh dear! We didn't mean to disturb you," said Orville politely. "We're on a treasure hunt! Have you seen any treasures around here?"

The mouse twitched his whiskers thoughtfully. "Well, there is something shiny under the old pizza box in the corner. But it's not a treasure; it's just a silver spoon."

"A silver spoon! That could be useful!" shouted Gerald, bouncing on his feet. "Let's go check it out!"

The little group scurried over to the corner of the pantry, and sure enough, beneath the pizza box, they found a glimmering silver spoon that sparkled like magic.

"Wow!" Tilly exclaimed, her eyes wide with wonder. "What will we do with a spoon?"

"Maybe we can use it to scoop up some holiday treats!" Flick suggested, his light flickering in excitement.

"Or we can use it to make hot chocolate!" Orville chimed in. "But first, let's see if we can find that treasure!"

With the silver spoon in tow, they continued their search through the pantry, peeking behind jars and exploring every nook and cranny. Just then, Tilly noticed something strange. "What's that glowing light over there?"

The ornaments rushed over to see a small box shimmering in the back of the pantry. It was covered in sparkly wrapping paper and had a bright red bow on top.

"This must be it!" Orville shouted, bouncing with glee.

They carefully pushed the box toward the edge of the shelf, and Flick illuminated it with his light. As they unwrapped the box, a warm glow filled the pantry, and they gasped in awe as the contents were revealed.

Inside lay a set of magical cookie cutters, each shaped like a different holiday symbol—a Christmas tree, a snowman, and a candy cane!

"These are amazing!" Tilly squeaked. "We can bake cookies and decorate them together!"

The little mouse peeked over their shoulders, his eyes shining. "You're going to bake cookies? Can I join?"

"Of course!" Orville said, beaming. "The more, the merrier!"

With the silver spoon and magical cookie cutters in hand, the ornaments and their new mouse friend hurried back to the kitchen. They set to work, mixing dough, cutting out shapes, and decorating cookies with sprinkles and icing, all while laughing and telling stories about their adventures.

As the first rays of sunlight began to peek through the window, the kitchen was filled with the delightful aroma of freshly baked cookies. The ornaments had made a magical mess, but it was a mess filled with laughter and joy.

"Just in time!" Gerald said, glancing at the clock. "The family will be waking up soon!"

They quickly cleaned up, leaving only a plate of beautifully decorated cookies on the kitchen counter as a surprise for the Davis family. The ornaments returned to their spots on the Christmas tree, their hearts filled with warmth and joy.

As the family awoke, they couldn't believe their eyes. "Look at all these cookies!" little Lucy exclaimed, her eyes wide with delight.

"Who could have done this?" her father wondered aloud, scratching his head.

But the ornaments knew the truth. They shared a secret smile, a twinkle in their eyes, knowing that while the family enjoyed their cookies, they would always remember the magical night of adventure, friendship, and the secret life of Christmas decorations.

And so, every Christmas Eve, the decorations would come to life, creating new adventures and sweet surprises for the Davis family, ensuring that each holiday season would be filled with magic and joy.

La Vida Secreta de los Adornos Navideños

En el acogedor pueblecito de Mistletoe Manor, donde los copos de nieve bailaban desde el cielo y el aire olía a galletas de jengibre, una familia estaba ocupada preparando la Navidad. A la familia Davis le encantaba esta época del año. Pasaban horas colgando luces brillantes, envolviendo regalos coloridos y, lo más importante, decorando su gran árbol de Navidad.

El árbol era una maravilla, alto y majestuoso, adornado con relucientes esferas, cintas brillantes y una magnífica estrella que resplandecía en lo alto. Pero lo que la familia Davis no sabía era que cada adorno tenía su propia vida secreta.

Cuando el reloj marcó la medianoche y la última luz parpadeante se apagó, la casa cayó en un profundo sueño. Afuera, los copos de nieve caían suavemente, cubriendo el mundo en blanco, pero dentro, algo mágico estaba ocurriendo.

Una vez que la casa quedó en silencio, los adornos comenzaron a moverse y a tintinear. La brillante estrella dorada en la punta del árbol guiñó un ojo y, con un destello de luz, los adornos navideños cobraron vida.

"¡Bien, chicos!" llamó Orville, la esfera roja y redonda con un pequeño bigote y una chispa en los ojos. "¡Es hora de nuestra aventura anual!"

"¡Qué emoción!" exclamó Tilly, una deslumbrante esfera azul en forma de copo de nieve. "¿A dónde vamos este año?"

"Escuché de los bastones de caramelo que hay un tesoro escondido en la despensa," dijo Gerald, un adorno un poco torcido que había visto días mejores. "¡Tenemos que encontrarlo antes de que salga el sol!"

Con eso, los adornos bajaron del árbol, aterrizando con cuidado sobre la alfombra. Las luces festivas parpadearon emocionadas mientras observaban cómo los adornos corrían por la casa.

"Tenemos que mantenernos juntos," instruyó Orville, liderando al grupo a través del oscuro salón. Pasaron de puntillas junto a la familia dormida, cuidando no hacer ruido.

Al llegar a la puerta de la despensa, se dieron cuenta de que estaba un poco entreabierta. Tilly miró adentro, su resplandor azul iluminando el oscuro espacio. "¡Está muy oscuro! ¿Cómo vamos a ver?"

"¡No se preocupen!" dijo Flick, la animada lucecita de Navidad que de alguna manera se había unido a su grupo. Con un chasquido de su interruptor, iluminó la despensa como una mañana de Navidad.

Los adornos vitorearon, su emoción creciendo. Entraron corriendo, sus pequeñas voces resonando en los estantes de la despensa. Pero mientras rebuscaban entre frascos de chispas de chocolate, bolsas de harina y cajas de galletas navideñas, no pudieron encontrar el tesoro.

"Tal vez está escondido detrás de estas bolsas de harina," sugirió Gerald, empujando una con todas sus fuerzas.

"O debajo de estas galletas," propuso Tilly, que intentaba sacar una bandeja de galletas de chocolate.

De repente, una vocecita chirrió desde el fondo de la despensa. "Eh, disculpen, ¿podrían bajar la voz? ¡Estoy tratando de dormir!"

Los adornos se quedaron congelados. Se giraron para ver a un pequeño ratón asomándose detrás de una pila de libros de cocina.

"¡Oh, cielos! No queríamos molestarte," dijo Orville amablemente. "¡Estamos en una búsqueda del tesoro! ¿Has visto algún tesoro por aquí?"

El ratón movió sus bigotes pensativo. "Bueno, hay algo brillante debajo de la vieja caja de pizza en la esquina. Pero no es un tesoro, solo es una cuchara plateada."

"¡Una cuchara plateada! ¡Eso podría ser útil!" gritó Gerald, saltando de emoción. "¡Vamos a verla!"

El pequeño grupo corrió hacia la esquina de la despensa y, efectivamente, debajo de la caja de pizza, encontraron una reluciente cuchara plateada que brillaba como mágica.

"¡Guau!" exclamó Tilly, con los ojos bien abiertos. "¿Qué haremos con una cuchara?"

"¡Podríamos usarla para recoger algunos dulces navideños!" sugirió Flick, su luz parpadeando emocionada.

"¡O para hacer chocolate caliente!" propuso Orville. "Pero primero, ¡sigamos buscando ese tesoro!"

Con la cuchara plateada en mano, continuaron su búsqueda, explorando cada rincón de la despensa. Justo en ese momento, Tilly notó algo extraño. "¿Qué es esa luz brillante allá atrás?"

Los adornos corrieron para ver una pequeña caja que brillaba en el fondo de la despensa. Estaba envuelta en papel brillante y tenía un lazo rojo en la parte superior.

"¡Esto debe ser!" gritó Orville, saltando de alegría.

Empujaron con cuidado la caja hacia el borde del estante, y Flick la iluminó con su luz. Al abrir el paquete, una cálida luz llenó la despensa, y todos se quedaron boquiabiertos ante lo que vieron.

Dentro había un set de cortadores de galletas mágicos, cada uno con forma de un símbolo navideño: un árbol de Navidad, un muñeco de nieve y un bastón de caramelo.

"¡Son increíbles!" chilló Tilly. "¡Podemos hacer galletas y decorarlas juntos!"

El pequeño ratón se asomó por encima de sus hombros, con los ojos brillantes. "¿Van a hacer galletas? ¿Puedo ayudar?"

"¡Por supuesto!" dijo Orville, sonriendo. "¡Cuantos más, mejor!"

Con la cuchara plateada y los cortadores de galletas mágicos en mano, los adornos y su nuevo amigo ratón corrieron a la cocina.

Se pusieron manos a la obra, mezclando masa, cortando formas y decorando galletas con chispas y glaseado, todo mientras reían y contaban historias sobre sus aventuras.

Cuando los primeros rayos de sol comenzaron a asomarse por la ventana, la cocina estaba llena del delicioso aroma de galletas recién horneadas. Los adornos habían hecho un desastre mágico, pero era un desastre lleno de risas y alegría.

"¡Justo a tiempo!" dijo Gerald, mirando el reloj. "¡La familia se despertará pronto!"

Rápidamente limpiaron todo, dejando solo un plato de hermosas galletas decoradas en la encimera de la cocina como sorpresa para la familia Davis. Los adornos volvieron a sus lugares en el árbol de Navidad, con el corazón lleno de calidez y felicidad.

Cuando la familia se despertó, no podían creer lo que veían. "¡Miren todas estas galletas!" exclamó la pequeña Lucy, con los ojos bien abiertos de emoción.

"¿Quién podría haber hecho esto?" se preguntó su padre en voz alta, rascándose la cabeza.

Pero los adornos sabían la verdad. Compartieron una sonrisa secreta, con un destello en los ojos, sabiendo que mientras la familia disfrutaba de las galletas, siempre recordarían la mágica noche de aventuras, amistad y la vida secreta de los adornos navideños.

Y así, cada Nochebuena, los adornos cobraban vida, creando nuevas aventuras y dulces sorpresas para la familia Davis, asegurando que cada temporada navideña estuviera llena de magia y alegría.

The Christmas Present That Was Too Big

In the quaint little town of Tinselwood, where every house sparkled with Christmas lights and the aroma of freshly baked cookies filled the air, the Johnson family was eagerly preparing for Christmas. The tree stood tall and proud in their living room, draped in colorful ornaments and twinkling lights. The children, Lily and Max, couldn't wait for Christmas morning.

But this year was different. On Christmas Eve, just as the family was settling down with hot cocoa and holiday treats, a loud knock echoed from the front door.

"Who could that be?" Mr. Johnson wondered, looking puzzled. He opened the door to find a giant, glittering box wrapped in shiny red paper and adorned with a massive green bow.

"What on earth is this?" Lily gasped, her eyes widening.

"I don't know, but it doesn't look like it will fit under our tree!" Max exclaimed, trying to peek around the corner of the enormous gift.

The box was so big that it filled the entire front porch, almost blocking the door! The family tried to push it inside, but it was simply too large. They could hardly believe their eyes.

"Let's take a look at the tag!" suggested Mrs. Johnson, brushing off the snow that had collected on top of the box.

The children leaned in closer as their mother read the tag aloud: "To the Johnson Family, from Santa."

Lily squealed with delight, "Santa sent us a giant present!"

"But what could it be?" Max wondered, scratching his head. "It's the biggest present I've ever seen!"

Excitedly, the Johnson family decided to call the neighbors for help. One by one, the families of Tinselwood gathered outside their house, eager to see the mysterious gift.

"What's all the fuss?" asked Mrs. Green, her glasses perched on her nose as she peered at the gigantic box.

"It's a present from Santa!" Lily shouted, her voice filled with joy. "But we can't figure out what it is!"

The townsfolk were intrigued, and soon everyone was buzzing with curiosity. Mr. Thompson, the local handyman, stepped forward with a toolbox in hand. "Let me take a look at it!" he said confidently.

He examined the box from every angle, scratching his head. "Hmm... It looks sturdy enough. We might need to open it."

Just as Mr. Thompson reached for a pair of scissors, a loud voice rang out from the crowd. "Wait! I have an idea!" It was Miss Flurry, the town's favorite baker, with flour dusting her apron.

"Why don't we try to lift it together? Maybe we can figure out how to move it!"

The townsfolk cheered, and everyone gathered around the giant box. "On the count of three!" shouted Mr. Johnson. "One, two, three!"

They all heaved together, but the box barely budged.

"It's like trying to lift an elephant!" Max laughed, looking at his sister.

"I bet there's something really special inside!" Lily added, her imagination running wild.

Just then, little Benny, the town's smallest resident, shouted, "I know! What if we roll it?"

Everyone paused, pondering the suggestion. "Roll it?" Mr. Thompson repeated, raising an eyebrow.

"Yes!" Benny exclaimed, bouncing on his toes. "Like a barrel!"

With newfound determination, the townsfolk surrounded the box and began to push and roll it. At first, it was difficult, but with teamwork and a lot of giggles, they managed to tip it on its side and roll it toward the Johnson's backyard.

"Hooray!" cheered Mrs. Johnson, clapping her hands. "We did it!"

The crowd gathered around the box, all buzzing with excitement and anticipation. But as they reached the backyard, the townsfolk noticed something strange.

"Uh-oh," Lily said, frowning. "There's no way to open it from here!"

Mr. Thompson scratched his chin. "We'll have to roll it back!"

Just then, Miss Flurry had another idea. "Why don't we use a little holiday cheer to help us?" she suggested. "Everyone, let's sing a Christmas carol!"

The townsfolk agreed, and as they began to sing "Jingle Bells," the air filled with laughter and joy. The cheerful music echoed around Tinselwood, creating a festive atmosphere.

As they sang, something magical happened. The giant box began to shimmer and glow. The townsfolk gasped as they watched in awe, their voices rising higher with excitement.

And then, with a loud POP, the bow on top of the box burst open, and the wrapping paper peeled away, revealing an enormous red and green carousel that spun around and around, filled with miniature Santa figurines and reindeer.

"Wow!" everyone exclaimed in unison, their eyes wide with wonder.

"This is incredible!" Max shouted, his face lighting up with joy. "It's the biggest carousel I've ever seen!"

Lily clapped her hands. "Can we ride it?"

"Of course!" Mrs. Johnson smiled, beaming with pride. "Let's have the best Christmas ever!"

The townsfolk gathered around the carousel, taking turns riding it, their laughter and joy filling the air. Each time it spun, it sprinkled shimmering glitter that sparkled like snowflakes in the sunlight.

As they rode, they felt the magic of Christmas fill their hearts. The carousel became the centerpiece of Tinselwood's holiday celebrations, bringing everyone together.

From that day on, the giant present became a symbol of community and joy, reminding everyone that sometimes the biggest surprises come when you least expect them.

And every Christmas, as they gathered around the carousel, the Johnson family knew that they had received the best gift of all—a gift of friendship, love, and the true spirit of the holiday season.

El Regalo de Navidad Que Era Demasiado Grande

En el pintoresco pueblito de Tinselwood, donde cada casa brillaba con luces navideñas y el aire olía a galletas recién horneadas, la familia Johnson estaba preparando con entusiasmo la Navidad. El árbol se erguía alto y orgulloso en la sala de estar, adornado con coloridos ornamentos y luces parpadeantes. Los niños, Lily y Max, no podían esperar a que llegara la mañana de Navidad.

Pero este año era diferente. En la víspera de Navidad, justo cuando la familia se acomodaba con chocolate caliente y dulces navideños, un fuerte golpe resonó en la puerta principal.

"¿Quién podría ser?" se preguntó el señor Johnson, con el ceño fruncido. Abrió la puerta y encontró una enorme caja brillante envuelta en papel rojo reluciente y adornada con un lazo verde gigantesco.

"¿Qué es esto?" exclamó Lily, con los ojos bien abiertos.

"No lo sé, pero parece que no cabrá debajo del árbol" dijo Max, intentando asomarse alrededor de la enorme caja.

La caja era tan grande que ocupaba todo el porche, casi bloqueando la puerta. La familia intentó empujarla hacia adentro, pero era simplemente demasiado grande. Apenas podían creer lo que veían.

"¡Vamos a ver la etiqueta!" sugirió la señora Johnson, quitando la nieve que se había acumulado en la parte superior de la caja.

Los niños se acercaron mientras su madre leía en voz alta: "Para la familia Johnson, de Santa Claus".

"¡Santa nos envió un regalo gigante!" gritó Lily emocionada.

"¿Pero qué podría ser?" se preguntó Max, rascándose la cabeza. "¡Es el regalo más grande que he visto!"

Emocionados, la familia Johnson decidió llamar a los vecinos para pedir ayuda. Una por una, las familias de Tinselwood se reunieron frente a la casa, ansiosas por ver el misterioso regalo.

"¿Qué está pasando?" preguntó la señora Green, con las gafas en la punta de la nariz mientras miraba la enorme caja.

"¡Es un regalo de Santa!" gritó Lily, su voz llena de alegría. "¡Pero no sabemos qué es!"

Los vecinos estaban intrigados, y pronto todos comenzaron a murmurar con curiosidad. El señor Thompson, el manitas del pueblo, se adelantó con su caja de herramientas en la mano.

"¡Déjenme echar un vistazo!" dijo con confianza.

Examinó la caja desde todos los ángulos, rascándose la cabeza.

"Hmm... Parece bastante resistente. Puede que tengamos que abrirla."

Justo cuando el señor Thompson estaba por tomar unas tijeras, una voz fuerte sonó entre la multitud.

"¡Esperen! ¡Tengo una idea!" Era la señorita Flurry, la panadera favorita del pueblo, con un delantal lleno de harina. "¿Por qué no intentamos levantarla juntos? ¡Quizás podamos moverla!"

La gente vitoreó y todos se reunieron alrededor de la gigantesca caja.

"¡A la cuenta de tres!" gritó el señor Johnson. "¡Uno, dos, tres!"

Todos empujaron juntos, pero la caja apenas se movió.

"Es como intentar levantar un elefante" rió Max, mirando a su hermana.

"¡Apuesto a que hay algo realmente especial dentro!" agregó Lily, dejando volar su imaginación.

En ese momento, el pequeño Benny, el residente más joven del pueblo, gritó:

"¡Yo sé! ¿Y si la rodamos?"

Todos se detuvieron, pensando en la sugerencia.

"¿Rodarla?" repitió el señor Thompson, levantando una ceja.

"¡Sí!" exclamó Benny, saltando sobre sus pies. "¡Como si fuera un barril!"

Con una nueva determinación, los vecinos rodearon la caja y empezaron a empujarla y rodarla. Al principio fue difícil, pero con trabajo en equipo y muchas risas, lograron inclinarla de lado y rodarla hacia el patio trasero de los Johnson.

"¡Hurra!" vitoreó la señora Johnson, aplaudiendo. "¡Lo logramos!"

La multitud se reunió alrededor de la caja, todos llenos de emoción y anticipación. Pero cuando llegaron al patio, los vecinos notaron algo extraño.

"Uh-oh" dijo Lily, frunciendo el ceño. "¡No hay manera de abrirla desde aquí!"

El señor Thompson se rascó la barbilla.

"¡Tendremos que rodarla de vuelta!"

Justo entonces, la señorita Flurry tuvo otra idea.

"¿Por qué no usamos un poco de alegría navideña para ayudarnos?" sugirió. "¡Todos, cantemos un villancico!"

Los vecinos estuvieron de acuerdo, y mientras comenzaban a cantar "Cascabeles", el aire se llenó de risas y alegría. La música festiva resonaba en Tinselwood, creando un ambiente navideño.

Mientras cantaban, algo mágico sucedió. La gigantesca caja comenzó a brillar y resplandecer. Los vecinos se quedaron boquiabiertos al verlo, sus voces llenas de emoción.

Y luego, con un fuerte ¡POP!, el lazo en la parte superior de la caja se soltó, y el papel de regalo se despegó, revelando un enorme carrusel rojo y verde que giraba sin parar, lleno de figuritas de Santa y renos.

"¡Guau!" exclamaron todos al unísono, con los ojos bien abiertos de asombro.

"¡Esto es increíble!" gritó Max, con una sonrisa de oreja a oreja. "¡Es el carrusel más grande que he visto!"

Lily aplaudió con entusiasmo.

"¿Podemos montarlo?"

"¡Por supuesto!" sonrió la señora Johnson, llena de orgullo. "¡Vamos a tener la mejor Navidad de todas!"

Los vecinos se reunieron alrededor del carrusel, tomando turnos para subirse, sus risas y alegría llenando el aire. Cada vez que giraba, esparcía brillantina que brillaba como copos de nieve bajo el sol.

Mientras giraban, sintieron la magia de la Navidad llenar sus corazones. El carrusel se convirtió en el centro de las celebraciones navideñas de Tinselwood, reuniendo a todos.

Desde ese día, el gigantesco regalo se convirtió en un símbolo de comunidad y alegría, recordando a todos que, a veces, las sorpresas más grandes llegan cuando menos te lo esperas.

Y cada Navidad, mientras se reunían alrededor del carrusel, la familia Johnson sabía que había recibido el mejor regalo de todos: un regalo de amistad, amor y el verdadero espíritu de la temporada navideña.